Couvertures supérieure et inférieure
en couleur

458

Alphonse Germain

—

Du beau moral

et

du beau formel

PARIS

Edmond Girard, Imprimeur-Éditeur

8, RUE JACQUIER, 8.

EXTRAIT DU CATALOGUE

DE LA

LIBRAIRIE EDMOND GIRARD

Imprimerie Girard, 8, rue Jacquier, à Paris.

Du beau moral

et

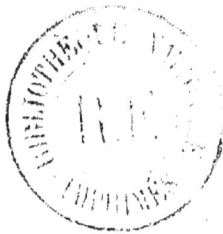

du beau formel

Original en couleur

NF Z 43-120-8

ALPHONSE GERMAIN

—

Du beau moral

et

du beau formel

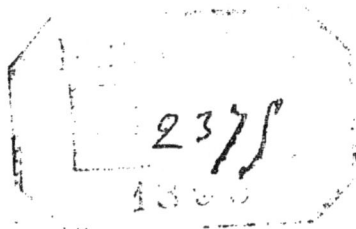

PARIS

Edmond Girard, Imprimeur-Éditeur

8, RUE JACQUIER, 8.

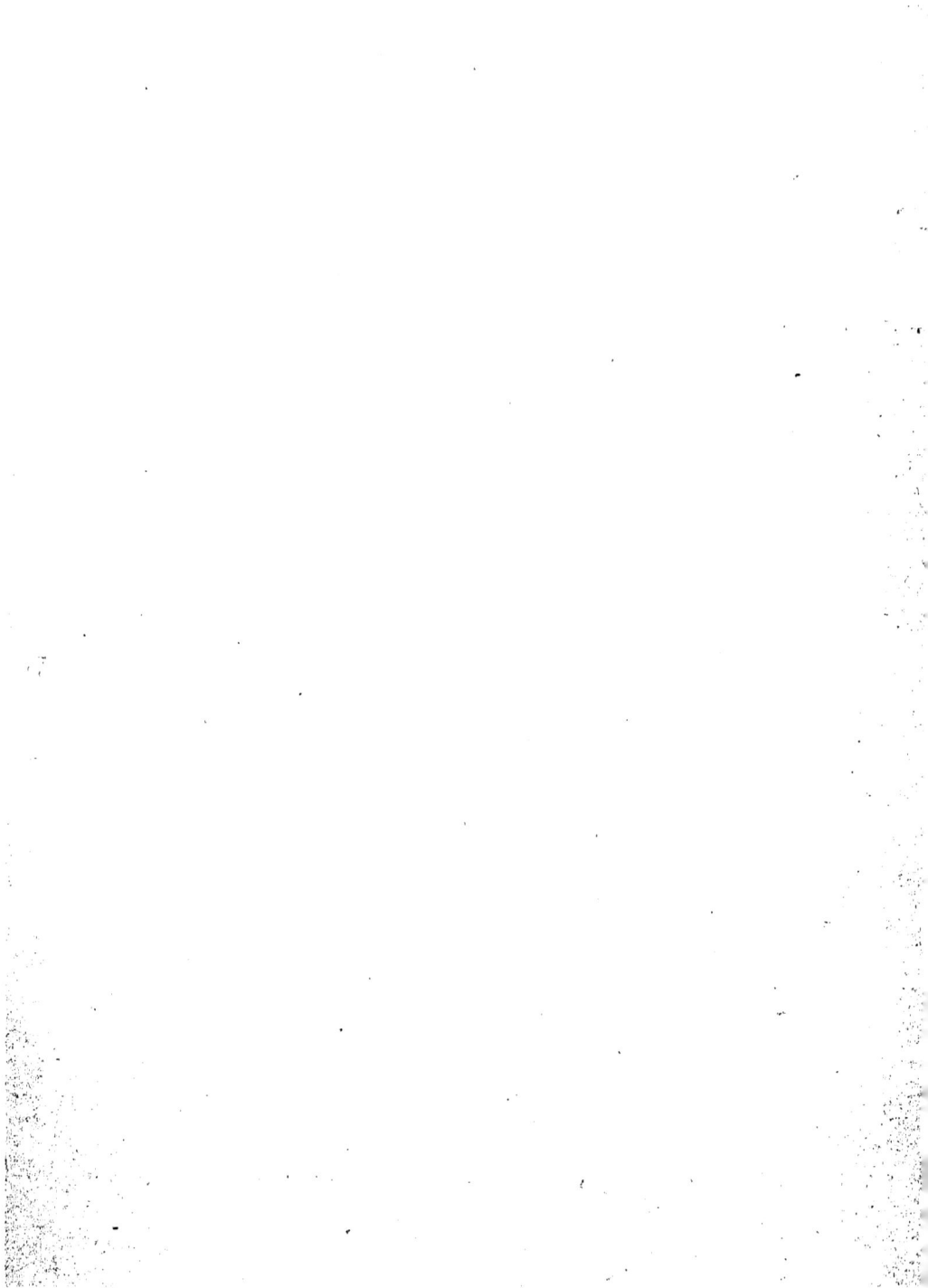

Tiré à 450 exemplaires, dont 10, en grand papier, numérotés, titre rouge et or :

5 hollande van Gelder . . . . 10 fr.

5 vergé des Vosges . . . . 5 fr.

Exemplaires sur papier teinté : . . . 2 fr.

N°

Du beau moral et du beau formel

——

C'est une opinion trop répandue que celle qui prête à l'œuvre d'art une action moralisatrice. Trop répandue, parce qu'elle ajoute à la nuée de confusions dont reste enveloppée la notion du Beau et que, d'autre part, elle empêche d'apprécier sainement la valeur *intrinsèque* des œuvres. Croire à l'influence moralisatrice de l'art, c'est se payer de mots.

Et d'abord, il s'agit de préciser ce qu'on entend par art, l'abus qu'on a fait de ce mot exige cette précaution. On dit couramment *l'art* pour

l'art poétique, l'art plastique, etc; on appelle
volontiers aussi de ce nom toute somme d'harmonie réalisée dans un travail. Mais L'ART, ce
mystère dont tout le monde civilisé parle avec
respect et que si peu savent reconnaître, qui le
définira de manière satisfaisante? J'estime que
ce doit être non seulement l'excellence en ces
créations harmonieuses que sont les chefs-d'œuvre, tout effort vers le mieux, vers le Beau, cou-
ronné de succès, mais encore l'action d'avoir
embelli moralement un esprit, ouvert une âme
au Divin. « L'art des arts est le gouvernement
des âmes », déclare S. Grégoire (1). Composer
un poème eurythmique, construire une figure
aux proportions admirables qui éveille en nous
d'intimes correspondances, suscite un de nos
éréthismes les plus purs, — voilà l'Art. An-
noncer les vérités indéfectibles, semer les idées
hautes et généreuses, préparer les âmes à la
pratique des vertus, à la vie intérieure; bref,
travailler, selon un mode harmonieux, à *rendre
l'homme meilleur,* — voilà l'Art encore; et à son
point culminant, car il oriente vers Dieu.

Telle n'est pas l'opinion générale. Pour la
plupart de nos contemporains, l'œuvre est *d'art,*
qui a été conçue sans autre vouloir arrêté que
de créer de l'harmonie, des beautés d'images

---

(1) *M. Reg. past.*, pars I, cap. I.

ou de formes, de provoquer des joies esthéti-
ques, c'est-à-dire de pures sensations. D'après
cela, un livre exécuté en vue de moraliser peut
être écrit avec art, on ne saurait le dire œuvre
d'art, pas plus que l'argumentation spéculative
et tout travail de raisonnement pur, en un mot,
quoique de style. Écrite en vers ou en prose,
figurée sur la toile ou taillée dans le marbre,
l'œuvre d'art serait donc celle qui, parmi les
créations imaginatives et les interprétations
originales des réalités, *dégage de l'indicible.*
« L'art est l'interprète de l'inexprimable », for-
mula Gœthe. Adoptons ce sens pour la clarté
de notre thèse.

Qu'il paraphrase les merveilles créées ou bal-
butie son intuition de l'invisible, l'artiste nous
présente le réel selon la vision qu'il en a, l'idée
qu'il s'en fait, et c'est par quoi il nous charme;
entre les choses et nous, il applique le prisme
de son imagination, il ne nous montre jamais
le sensible sans nous élever au-dessus ou nous
promener à côté. L'art d'écrire et l'art de des-
siner, qu'est-ce? sinon l'élaboration d'exquis
mirages, de philtres enchanteurs, source de
quiètes joies et, pour beaucoup, Léthé aux maux
quotidiens. A ces arts, nous avons donc à demander des sensations, des enthousiasmes ras-
sérénants, non des préceptes de conduite. On a

vu cependant, objecteront certains, des fictions anagogiser. Sans doute, mais par exception et, n'ayons garde de l'oublier, par des moyens étrangers à l'art. *La Divine Comédie* peut éveiller ou exalter, en de nombreux cœurs, l'amour du Tout-Puissant, ce n'est pas ce qui la sacre *œuvre d'art* magnifique entre toutes. Corneille, par *Polyeucte*, Racine, par *Athalie*, excitent la piété et d'altiers sentiments, le thème choisi en est la cause, non l'art du poète, simplement subsidiaire. Mais laissons de côté l'art du verbe pour ne nous occuper que des arts du dessin.

Expressif ou décoratif, l'art plastique se ramène à l'art d'harmoniser des lignes, cela est péremptoire. A-t-on le droit d'exiger d'un art qui ne peut donner que l'illusion du monde sensible autre chose que du vraisemblable? — des aspects de vie réduits à l'échelle humaine ou une nature idéale figurée d'après les lois du réel. Un tel art, évidemment, ne saurait, *par lui-même*, émouvoir notre conscience, qu'il la harangue par les œuvres de l'Angelico, des Van Eyck, de Memling ou de Dürer. Ce n'est pas une interprétation picturale de l'Évangile qui touche notre cœur, c'est ce que nous évoque la scène présentée, comme tel Calvaire, telle Annonciation, ou bien, — et souvent! — l'artifice de l'artiste en la présentation de cette scène.

(Exemples : la *Résurrection de Lazare*, l'*Annonciation aux bergers* de ce prestigieux Rembrandt qui, par des jeux de lumière, sut changer en lieu de mystère le plus banal intérieur.)
Et encore, le spectateur ne sera-t-il ému spiri-
tuellement qu'en raison de son degré de piété;
pour l'indifférent, l'évocation ne peut être que
d'ordre historique ou littéraire, sans action sur
sa conduite, par conséquent. Les scènes pieuses,
je l'ai dit ailleurs, ce sont des *memento* affectifs,
rien de plus, elles ne persuadent que les esprits
convaincus, n'embellissent que les âmes déjà
belles. Faisons-nous abstraction des sentiments
religieux? l'effet moralisateur ne reste pas moins
nul. La belle âme s'auréole de nobles pensées
devant une belle fresque, l'âme vulgaire n'y
voit qu'un décor. Où celui-ci communie au
suprasensible, celui-là ne découvrira que de la
matière; ce qui paraîtra chaste à quelques-uns,
d'autres le jugeront voluptueux. C'est qu'en
vérité, l'œuvre d'art est comme un miroir : qui
la contemple s'y contemple; devant un thème
suggestif, autant d'âmes vibrantes, autant d'impressions diverses. Toute œuvre vit de la vie de
son auteur, l'engendrant, il y a mis de lui-
même; aussi, entre cette œuvre et l'âme du
spectateur, que de secrètes correspondances!
Observez, — l'équilibré va d'instinct aux

2.

productions normales et fortes, à ce qui respire
la sérénité, la santé : le pervers va au maladif,
au bizarre, au *dénaturé,* la dépravation de l'esprit impliquant celle du goût. Le délicat se plaît
aux nuances, les couleurs criardes retiendront
l'inculte, le prosaïque s'appesantira sur le côté
métier que négligeront, au contraire, le rêveur
et le spiritualiste. Bref, chaque individu sent et
raisonne, devant l'œuvre, en raison de la place
qu'il occupe dans la série des êtres.

    L'œuvre ne moralisera pas davantage en rai-
son de sa *beauté.* Car, qu'est-ce que le beau dans
l'art? Toute beauté n'étant qu'un reflet de l'im-
manente, de l'absolue Beauté qui est Dieu, ces
reflets sont nécessairement divers comme leurs
causes secondes, nous voilà conduits à admettre
qu'il y a un beau pour chaque art. Dans un art
né du désir de donner l'illusion des reliefs et
des plans, d'exprimer des formes, et dont l'a-
pogée consiste à relier harmonieusement des
formes entre elles, le beau se trouvera dans la
beauté des formes (harmonie des proportions
et pureté des contours) ou dans l'harmonie des
lignes (équilibre des vides et des pleins, c'est-
à-dire des reliefs et des plans, et enfin souplesse
de l'arabesque qui les relie). De cette défini-
nition, au moins logique, du beau dans les arts
du dessin, ce qu'il importe de retenir, c'est que

la belle forme, le beau formel ne compte que comme un des facteurs de la beauté.

· Une œuvre, à notre avis, n'a pas besoin de représenter des figures aux galbes stylisés pour être d'*art*. Soutenir le contraire oblige à nier, exception faite pour quelques maîtres, les écoles de Flandre, d'Allemagne, de France (xiiie siècle au xve), de Hollande et d'Espagne, c'est-à-dire la moitié de la floraison d'art. La beauté formelle n'est donc pas la finalité de l'art, sinon tous les tempéraments d'artistes seraient en puissance de la manifester.

La finalité de l'art — nous l'admettons alors qu'il s'agit des arts du dessin, seulement alors — c'est de dégager ce mystère, ce non-visible que, pour la clarté des discussions, il serait plus juste d'appeler l'*indicible*. Trop le confondent avec le Beau. Une œuvre de caractère, une page puissante, mais sans goût, peuvent être d'*art*, telles la plupart des peintures de Manet, de Raffaëlli et des statues de Rodin, on ne saurait les dire belles. Beauté implique une somme de grâce, d'élégance, la pureté des lignes, l'ordre dans l'arrangement, l'idée de quelque chose de choisi, un désir de s'élever au-dessus des réalités extérieures. Mais, ne l'oublions point, s'essayer à l'archétype ou tracer des caractères, transcrire ce que présente la nature ou interpréter un idéal, — affaire de tempérament.

Rien de plus louable, sans doute, que de poursuivre une réalisation de beauté, il est toujours excellent de tendre à la perfection, mais, avant tout, que l'artiste respecte le *naturel*, qu'il se préoccupe de faire *viable*. La vie idéale ne nous intéresse et n'a de raison d'être figurée, *ennaturée*, selon l'expression de nos ancêtres, qu'autant qu'elle est l'image de la vie sensible; — ce qui est en bas est comme ce qui est en haut, dirons-nous, d'après la sagesse orientale. Jamais l'art ne touche, ne pénètre si bien que lorsqu'il manifeste de la vie, simplement, humainement (1). Et d'ailleurs, comment se dévoile la vocation d'un artiste, sinon par l'impérieux besoin de traduire son émotion devant la vie?

Rayonner de l'indicible, voilà donc la finalité

---

(1) On ne nous fera pas l'injure de croire que nous plaidons ici en faveur d'un réalisme que nous n'avons cessé de combattre parce qu'il peine pitoyablement à la copie du monde sensible, à la notation exacte des phénomènes; nous entendons, par interprétation simple et humaine de la vie, l'art de Puvis de Chavannes. Le *Bois sacré*, voilà un exemple admirable de la vie idéale à l'image du sensible, cela rassérène comme un glorieux coucher de soleil; pas la moindre littérature dans cette page poétique de la poésie des sous-bois, le titre seul évoque des souvenirs classiques. Prudhon, Jean Goujon, Ingres, Delacroix, Carpeaux, Burne-Jones abondent en exemples de ce genre.

de cet art qui, Jouffroy l'a montré, « ne fait
que représenter l'invisible sous ses formes na-
turelles empruntées aux objets naturels ». Ceux
qui parlent de moraliser par la beauté formelle
me rappellent ces naïfs qui demandent la gué-
rison de troubles organiques aux remèdes de
bonnes femmes. Laissez donc l'art s'épanouir
librement, les fleurs des champs s'anémient en
serre. Quel cérébral, d'ailleurs, se composa
jamais une galerie afin de complémenter sa
bibliothèque? Déjà l'allégorie présente des
dangers; quoi de moins éloquent, de moins
artiste, en général? Même exécuté par un Pé-
rugin ou un Mantegna, ce genre conserve une
froideur typique, sent l'*imposé*, le pensum (1).
L'art à prétentions philosophiques, éthiques
ou didactiques n'a pas sa place sur le mur, mais
dans des livres spéciaux, et alors, il devient de
l'idéographie et ne dépasse pas l'estimable. Non,

---

(1) Le *Printemps* de Botticelli serait le chef-d'œuvre
du genre s'il avait d'allégorique autre chose que le nom;
la *Calomnie* du même, intéressante par certaines expres-
sions, prend place plutôt parmi les tableaux de genre.
La *vertu victorieuse des vices*, *Le triomphe de la chas-
teté*, ce sont des taches dans l'œuvre de beaux artistes,
— exemples peu suivis, pour cause. Prud'hon, dans ses
deux pages célèbres, visant au dramatique, n'atteignit
guère qu'au romantique. L'*Apothéose d'Homère* vaut
par le dessin de quelque figures, Puvis de Chavannes,
à la Sorbonne, n'arrache l'admiration que par son en-
tente décorative.

mille fois non, tout concept ne se prête pas à
la traduction plastique; pour un tour de force
génial comme *Le Triomphe de la Mort* du Cam-
po-Santo de Pise, que de choses assimilables
aux compositions de Cornelius, de Wiertz, de
Blake et de Chenavard!

Que des harmonies de lignes harmonisent
nos pensées, d'accord, tout se tient en effet; en
serons-nous meilleurs? non pas. Si intenses
soient les impressions ressenties, elles n'in-
fluencent jamais nos actions sérieusement, il
n'y a fresque ni bas-relief, voire enfantés par le
génie, qui approche en effets bienfaisants d'une
argumentation substantielle et *inspirée* ou d'un
exemple *vécu*. Ce que le dessin peut à peine
bégayer, à quoi bon vouloir le lui faire clamer?
Le viable ou le vécu, tout est là. Le prochain
dont l'acte édifie nous stimule, parce qu'il nous
révèle une sublime fonction qu'il ne tient qu'à
nous d'exercer. Le même acte interprété en de-
hors de la réalité, au théâtre par exemple, nous
impressionnera sans laisser d'autre trace en
nous que de l'admiration pour le talent de l'auteur ou le jeu du comédien. C'est que nous
sommes prévenus, et qu'en dépit de l'ivresse de
nos sens, alors même que l'émotion nous étreint,
nous n'oublions pas que nous vibrons au fictif.
Voilà stérilisés les germes bienfaisants d'une

action; donnée en spectacle, elle perd de sa force de pénétration, de son parfum, — telle la reproduction photographique d'un chef-d'œuvre, la vulgarisation d'une haute pensée. Et comment cette action représentée sur toile ou sur pierre, c'est-à-dire, fixée, immobilisée dans une de ses phases, impressionnerait-elle davantage notre moi pensant? *Cela ne vit* plus de notre vie, mais de cette vie abstraite qui est celle de l'art.

Il faut, insistons, vivre l'acte si l'on veut qu'il rayonne et opère. Un acte concrétisé dans de la matière, c'est un rayon de soleil incarcéré dans une chambre noire. Ce qui fait la grandeur de l'art, cette plus pure des vanités mondaines, fait aussi sa faiblesse, la puissance d'évocation a le même effet que les excitants : beaucoup d'images variées et vives, mais tôt évanouies comme des fantômes qu'elles sont. Vouloir entretenir sa moralité au moyen d'expédients de ce genre, autant vaudrait rêver de soutenir son corps avec de la rosée.

Est-ce à dire qu'à cause du caractère éminemment décoratif de l'art il faille proscrire ou inférioriser la figuration de certaines scènes, le choix de certains sujets? On pense bien que non. L'artiste ayant pour thème d'inspirations l'humanité sous toutes ses faces, à toutes les époques

de son histoire, et la création sous ses mul-
tiples aspects, a le droit de représenter ce que
bon lui semble. Ce contre quoi la raison s'élève,
c'est contre la prétention de dresser arbitraire-
ment des catégories, d'octroyer la préséance à
ceux qui mêlent à leur art des préoccupations
étrangères, philosophiques, littéraires au autres.
La hiérarchie, en art, ne peut se concevoir de
telle sorte; il n'y a pas de genre noble, il y a
de plus ou moins nobles manières d'interpréter le créé; on n'est pas éminent parce qu'on
œuvre en tel sens, mais parce qu'on chef-
d'œuvre normalement, selon son sens naturel.

Désirer des œuvres plastiques équivalentes à
des homélies, prétention aussi peu flatteuse pour
l'art que pour la morale. Car, qu'est-ce qu'une
morale qui aurait besoin, pour frapper, du se-
cours de l'image? Et que vaut l'art, cet indépendant, fils de l'intuition et du caprice, mis
au service d'une cause, si digne de respect soit-
elle? Cette conception d'un art ancillaire fut
l'erreur de ces peintres anglais qui se baptisè-
rent *préraphaélites* et d'un esthéticien, leur
compatriote, M. Ruskin. Étudier les travaux
de ceux-ci et l'esthétique de celui-là peut four-
nir la preuve expérimentale de ce que nous
venons d'établir. Nous allons voir ce qu'on
obtient en tâchant de peindre des axiomes et
des philosophèmes.

* *
*

Faire vrai pour rayonner du Moral, idée bien anglicane, telle fut la tâche que s'imposèrent les préraphaélites; tracer un relevé exact des réalités concrètes, ainsi conçurent-ils la figuration du Vrai. A dominante objectiviste comme tous les peintres, particularistes en vrais Anglais, ils eurent le respect surérogatoire des atomes, une dévotion pour l'imperceptible, et travaillèrent un épi autant qu'un œil, le moindre terrain de la même façon qu'un fragment d'écorché. Que l'artiste analyse afin d'élaborer, rien de mieux, mais qu'il ne se contente pas d'étaler, en guise d'œuvre, les pièces de son analyse, c'est à lui qu'appartient, non au spectateur, le soin d'en établir l'unité. Négligeant le principe fondamental, les préraphaélites montrèrent leur incompréhension esthétique du Vrai. Ici, nous croyons nécessaire d'emprunter un passage à notre *Essai de callistique* (1).

« Présomptueux ou bien naïf qui se flatte de représenter *vraiment* les choses comme elles

(1) *Pour le Beau*, Girard, Éditeur.

sont en *elles-mêmes*, nous n'en pouvons donner qu'une idée approximative et, pour cela,
c'est au contraire de la méthode analytique qu'il
faut, je crois, reçourir. En effet, le Vrai *réel* des
espèces, des choses, est en leur Principe *essen-
tiel*, leur archétype. Les individus, ces réalités
sensibles, n'étant chacun qu'une reproduction
transitoire, une apparence de leur Principe
éternel, de son Vrai ne sont qu'un reflet, même
lorsqu'ils se développent normalement, car
jamais entièrement purs tant que matérialisés.
Une comparaison aidera les artistes à comprendre, disons le Vrai réel de chaque espèce
un chef-d'œuvre original dont les individus ne
sont que des moulages et des réductions. Autant d'individus dans une espèce, autant d'exemplaires analogues, non point identiques; de
loin, ces moulages se ressemblent, approchez-
vous, tous diffèrent par quelque détail, pèchent
par quelque altération. Qui copie l'un d'eux,
même le mieux venu, risque donc de ne point
accuser l'esprit (ce que les professeurs appel-
lent le caractère) de l'original en question; cet
esprit, vous n'en découvrirez la manifestation
plastique qu'en les traits communs aux individus sortis d'une même souche. Comparez entre
eux les exemplaires d'un type, comme vous
compariez, élèves, les proportions de vos

modèles, leur longueur pour leur largeur ; et, de même que vous étudiâtes le squelette, pour connaître, non pas la structure de telle charpente osseuse, mais le mécanisme du corps humain, de même, observez, sur les vivants, non le signe individuel, car variable, mais celui de l'espèce ; ainsi se dégage l'Invisible du visible. L'artiste qui, percevant un caractère général, saura l'abstraire des formes et le concrétiser, le synthétiser en une Forme, (Car, comment conjecturer quelque archétype qui ne soit une synthèse ?) celui-là seul donnera du Vrai une plausible, une logique idée. Vouloir idéaliser, on le voit par ceci, équivaut à chercher le Vrai, et, malgré qu'il ne nous soit pas donné de l'atteindre, nous devons y tendre sans cesse, l'ascèse du Beau est à ce prix, ce sont nos nobles efforts qui rapprochent du Très-Haut. »

Aussi, les préraphaélites, victimes d'une erreur d'exégèse, sont-ils tout à fait dignes d'estime ; nous n'insisterons sur leur erreur que pour en préserver d'autres peintres. Le paradis où fulgure l'Idéal est entouré d'océans dangereux ; dès qu'un naufrage nous signale quelque récif, dressons un phare, — téméraires, les conquistadors.

Partis d'un faux raisonnement et en suivant rigoureusement les conséquences, les préra-

phaélites se condamnaient à un labeur stérile.
Ils crurent que ressusciter l'âme d'une époque
consistait à reconstituer l'architecture et le cos-
tume de cette époque. Si bien que, dans le but
de dégager, par la lettre, l'esprit des scènes
religieuses et historiques, ils s'appliquèrent à
reproduire, avec le plus de fidélité possible,
le décor de ces scènes, comme si ce vrai illu-
soire pouvait irradier le Vrai immanent. Des
anachronismes, l'Artiste né se soucie peu, il
n'espère pas que d'authentiques nippes fassent
mieux revivre le for intérieur de son héros; ce
qu'il ne néglige point, c'est de chercher par
l'expression faciale, l'attitude ou le geste, une
traduction de quelque état d'âme, de quelque
action, c'est de faire concourir les linéatures
de son décor à l'esprit du thème, à l'harmonie
de l'ensemble. La plastique ne dispose que
d'un mode *expressif*, les Lignes, ce qu'ellés ne
sauraient écrire n'est ni pictural, ni modelable.
Quant à évoquer tel psychisme, telle spiritua-
lité d'un homme ou d'une foule, de manière que
l'œuvre projette un halo de beau moral, cela
tient du miracle; que par une grâce, on l'impè-
tre, j'y souscris, mais se l'ordonner *a priori!...*
Représenter le Christ, une lanterne en
main, à la recherche de la demeure du Juste (1),

_____

(1) Ce tableau célèbre, intitulé : *La lumière du monde,*
fut exposé à Paris en 1855.

cela pourrait atteindre au symbole; traité par
M. Holman Hunt, cela nous paraît littéraire,
et rien de plus. Même impression quant à *son
voyage du pèlerin*, allégorique à la façon des
vieilles imageries. Ce sont là des scènes de
genre. Beaucoup trouveront trop dogmatiques
nos appréciations et les mettront en doute.
Veut-on savoir ce que pense un auteur spécu-
lativement désintéressé en la question, un esprit
peu enclin à mêler de passion ses jugements,
interrogeons M. Chesneau. Voici en quels termes s'exprime cet historien de la peinture
anglaise au sujet d'un tableau typique dû à
M. W. H. Fisk, *La dernière soirée de Jésus à
Nazareth* : « Nous admettons, par exemple, que
M. Fisk ait retrouvé la maison de Jésus à Nazareth, qu'il soit monté, lui aussi, sur la terrasse,
qu'il ait relevé très fidèlement le paysage que
le Messie avait sous les yeux cette nuit-là. Mais
nos exigences (et toute exigence alors devient
légitime) ne sont pas si aisément satisfaites.
Sur quel document s'appuie la réalité du motif
représenté? Quel temps faisait-il pendant la
dernière nuit que Jésus passa à Nazareth? Cette
longue veille agitée de si cruelles perplexités,
nous la concevons, mais où le Christ l'a-t-il
passée? sur la terrasse ou au dedans? Était-il
vraiment vêtu de cette robe à rayures bleues et
rouges d'un ton si désagréable? Je me pose ces

3

différentes questions, j'analyse mes doutes, et
l'émotion s'en est allée. » Cette judicieuse
critique d'un auteur, documentaire avant tout,
ne semble-t-elle pas traduire un sentiment général? Cependant, consultons ailleurs l'opinion
publique. M. Hunt s'était livré, pour son
Christ enfant enseignant les docteurs, à des
études aussi diverses que sérieuses sur le peu-
ple hébreu et la terre de Judée; il avait consulté
les textes et visité les lieux. Et voilà que, devant
l'œuvre si consciencieusement exécutée, c'est
M. Milsand qui rapporte le fait (1), une dame
juive s'écrie : « Cela est fort beau; seulement,
on voit que l'auteur ne connaissait pas le trait
distinctif de la race de Juda : il a donné à ses
docteurs les pieds plats qui sont de la tribu de
Ruben, tandis que les hommes de Juda avaient
le cou-de-pied fortement cambré. » Balzac s'é-
crie quelque part que les peintres ne doivent
raisonner que les brosses à la main. Pour avoir
méconnu ce conseil, les préraphaélites qui se
voulaient thaumaturges ne furent que paléon-
tologues. Autre erreur, ils supprimèrent le
travail accompli depuis le xvie siècle. Rien
n'est à supprimer de ce qui ne pouvait point
ne pas être; reprendre, au xixe siècle, l'art où

_____

(1) *Esthétique anglaise.*

l'avaient laissé les trecentisti et les quattrocen-
tisti, c'était ne pas comprendre une évolution
logique.

Considérés en général, les primitifs furent des
amoureux de la nature visible, mais qu'ils aient
été séduits par la forme gracieuse ou par les
contours énergiques, une qualité native les
rend intéressants au même degré : tous furent
artistes, et ils le furent sans prétentions, exquis
moyen d'impressionner. L'éducation qu'ils
reçurent n'était, d'ailleurs, pas pour les trom-
per sur le rôle de leur art ; ils ne le concevaient
guère que décoratif et ornemental.

Lorsqu'ils contaient la Passion de Notre-
Seigneur ou tel passage de l'Histoire sainte, ils
ne visaient point à en extraire l'enseignement,
écrire l'épisode suffisait à les satisfaire, l'écrire
lisible de manière que les incultes même la
reconnussent. N'ayant cure de l'herméneuti-
que, les primitifs, on le peut affirmer, travail-
laient, avant tout, pour le plaisir oculaire des
fidèles, heureux de donner, par l'image, quelque
vie au texte biblique, fiers de collaborer ainsi à
la gloire de la Religion. Ce qui les frappe dans
l'Ancien et le Nouveau Testament, c'est le côté
dramatique ; ils l'interprétèrent comme ils le
sentirent, laissant l'émotion guider leurs bros-

ses, broyant un peu de leur âme sur leur palette,
et comme leur émotion était pieuse, l'œuvre
qui en jaillit exhale du religieux.

Interpréter le sacré ne les gênait point; les
actes des Apôtres et des saints, ces instinctifs
ne les percevaient qu'à travers les scènes de leur
vie domestique, à eux peintres, le décor de
leur cité et de ses campagnes. Les personnages
de l'Évangile, ils les redécouvraient parmi leurs
contemporains, et s'ils se bornaient à les trans-
poser, ce fut avec un sens des correspondances
si merveilleux qu'il permit à plusieurs d'appliquer, sans qu'ils s'en doutassent, une impor-
tante loi, à savoir que tout ce qui est humain
revivant sans cesse dans l'humanité, l'art quin-
tessencié se réduit à discerner, sous ses avatars,
cet humain qui ne meurt jamais.

Parbleu oui, d'aucuns avaient la vision en-
fantine ou « brave homme », et l'ingénuité de
certains confinait à la rusticité; mais ces fermés
à l'Esprit communiaient avec l'Amour et, s'a-
bandonnant à ses suggestions, sincères à la
façon des simples, développaient leur sensiti-
vité; aussi, malgré qu'incultes, s'élevèrent-ils
au-dessus du vulgaire, — il leur fut donné de
traduire les larmes des choses.

Les préraphaélites, sincères comme des savants et, ce qui est pire en l'occurrence, comme

des savants anglais, tarirent en eux les sources
émotionnelles et, à scruter l'ésotérisme, aveu-
glèrent leurs yeux d'artistes. Dès lors, qu'im-
portait qu'ils fussent pieux, trop de préoccupations d'outre-esthétique les empêchaient de
spiritualiser leurs œuvres. L'artiste échappe si
peu à l'influence de son époque qu'au lieu de
préraphaéliser vraiment, ils engendrèrent un
romantisme anglais, art d'illustration comme
le nôtre et, de plus, maussade et froid, d'un
littéraire pédant, d'un pittoresque sérieux,
documenté. Ah! pour l'amour du Vrai, n'u-
sons pas d'euphémismes; les intentions les plus
louables ne compensent pas l'absence de certains dons. Décorateurs non plus que coloris-
tes, sans maîtrise de dessin, sans qualités de
lumière, les préraphaélites n'ont pas grande
valeur étudiés au point de vue technique. Quelques-uns d'entre eux ont réalisé de bons portraits, mais leurs autres peintures!... Pour
quelques œuvres artistes comme l'*Ophélia* de
J.-E. Millais, que de scénarios didactiques, de
photographies archéologiques, de paysages
pour géologue ou botaniste! Il ne saurait être
question d'idéalisme là ou l'artiste poursuit le
caractère d'une race jusqu'en le profil d'un
orteil, il ne convient pas davantage d'assimiler
ces chercheurs de Vrai aux réalistes, leurs ten-

3.

dances furent trop autres, ils demeureront un
cas dans l'histoire.

Et pourtant, d'aussi nobles aspirations une
floraison pouvait éclore, vivace sinon superbe. Il
eût fallu, pour ce, qu'un Artiste dirigeât le mouvement. Hélas! un écrivain surgit. Il y en avait
déjà trois parmi les fondateurs du cénacle : Dante
Gabriel Rossetti, plus remarquable comme
poète que comme peintre, M. W. M. Rossetti, esthète, et M. Stephens qui, très tôt,
quitta la peinture pour la critique. Cétait plus
qu'il n'en fallait pour imprimer une direction
littéraire au groupe (1). A peine les novateurs
avaient-ils fait leurs premières armes, qu'ils

---

(1) Outre D. G. Rossetti, MM. W. M. Rossetti et
Stephens, le cénacle préraphaélite se composait des
peintres Millais, un grand talent, Holman Hunt, Col-
linson et du sculpteur Woolner. L'influence de leur
doctrine fut considérable, on en relève les traces sur
certaines peintures de M. M. Fisk et Noël Paton, sur
celles de MM. Hook et Arth. Hugues, pour ne citer que
les plus notables. Quant à M. Madox Brown, M. de la
Sizeranne, historien très érudit, le regarde comme un
précurseur. D'autre part, on peut, à la rigueur, rat-
tacher M. Watts aux préraphaélisants mais non l'é-
minent Burne-Jones. Ce maître n'est pas de ceux
qui s'englobent dans une école; individualité libre, il
rayonne et ne reflète pas. De tous les artistes, ses
compatriotes, c'est lui qui a le mieux compris et interprété la femme anglaise. Ce styliste ne vaut pas seulement par son dessin impeccable, à la fois large et
précis, il excelle à rythmer des lignes, à jouer de l'a-
rabesque, à équilibrer, disposer des figures, et son sens

urent soutenus et conseillés par un homme aimant, certes, l'art, mais n'en ayant qu'une conception utilitaire.

*
* *

L'art, — un compte-rendu, l'artiste, — un notateur précis des choses de la nature; donc, mérite d'une sculpture ou d'un tableau proportionné strictement au nombre ou à l'importance des renseignements fournis sur les réalités. Telle, en substance, la profession de foi de M. Ruskin. Aussi les œuvres préraphaéliques lui parurent-elles l'application de ses principes et, fardant de son éloquence les erreurs de ces peintres, il acheva de les perdre. Ce n'est pas que son critérium philosophique soit mauvais; pour lui, la vérité n'est autre que la nature *intrinsèque* des choses, belles en soi,

---

de la décoration s'affirme en la lettre ornée comme en la fresque, car, aussi varié que fécond. Des chefs-d'œuvre tels que les cartons de *Crucifixion* et de *Nativité*, que le *Pèlerin et l'Amour*, *l'Escalier d'or*, le *Miroir de Vénus*, *Chant d'amour*, le classent parmi les Maîtres.

car reflets d'une perfection divine laissée par le
Créateur sur son œuvre. C'est à la conquête de
cette vérité, à l'extériorisation du « caractère
permanent des choses » qu'il incite les artistes,
mais s'il a entrevu le Vrai, combien il s'abuse
sur ses modes d'interprétation figurative.
« Surprendre dans l'herbe ou dans les ronces,
s'écrie-t-il, ces mystères d'invention et de com-
binaison par lesquels la nature parle à l'esprit;
retracer la fine cassure et la courbe descendante,
et l'ombre ondulée du sol qui s'éboule, avec une
légèreté, avec une finesse de doigté qui égalent
le tact de la pluie; découvrir, jusque dans les
minuties en apparence insignifiantes et les plus
méprisables, l'opération incessante de la puissance divine qui embellit et glorifie, proclamer enfin toutes ces choses pour les enseigner
à ceux qui ne regardent pas et ne pensent pas,
voilà ce qui est vraiment le privilège et la vocation spéciale de l'esprit supérieur, voilà, par
conséquent, le devoir particulier qui lui est
assigné par la Providence. » Jusque-là, rien qui
ne se puisse proclamer par le dessin des caractères généraux, nous comptons sans notre hôte.
Continuons.

« Chaque herbe, chaque fleur des champs a
sa beauté distincte et parfaite; elle a son habitat,
son expression, son office particulier, et l'art le

plus élevé est celui qui saisit ce caractère *spé-cifique*, qui le développe et qui l'illustre, qui lui donne *sa place appropriée* dans l'ensemble du paysage et, par là, rehausse et rend plus intense la grande impression que le tableau est destiné à produire. »

Sa place *appropriée*, tout est là. Soigner un motif de premier plan, rien de plus naturel; l'anormal, le fastidieux, c'est de détailler impitoyablement jusqu'à la ligne d'horizon, de changer un tableau en broderie ou jeu de patience. Enfin, on a bien lu, l'art le plus élevé est celui qui saisit le *caractère spécifique*, en d'autres termes, ce n'est pas à l'artiste, mais au micrographe qu'il appartient de nous initier à l'anatomie de la fleur. Il semble que, cette fois, M. Ruskin va comprendre l'inanité, la laideur du relevé géométrique des aspects; — point, il ne se doute pas que le procédé minutieux détruit la poésie de cette nature qu'il adore. La vérité de détail lui paraît suffisante pour obtenir « ce caractère simple, sérieux et harmonieux qui distingue l'effet d'ensemble des sites naturels ». Et voilà, lorsqu'il émit quelques excellents principes, il ne sut pas en indiquer l'objectivisation en la plastique, car penseur, non technicien. Les artistes...

Eh! comment des peintres, que leur com-

plexion entraînait au particularisme, eussent-ils
synthétisé d'après la doctrine ruskinienne? En
abstraire l'essence leur était difficile, c'est un
chaos où l'auteur n'a pas dû toujours voir très
clair.

Pour tenace qu'il soit, M. Ruskin n'a jamais
suivi l'orthodromie pour atteindre son but;
rencontre-t-il un îlot, il débarque et musarde,
mettant une philosophie dans un brin d'herbe
ou béant aux nuées; cingle-t-il de nouveau, il
se jette dans des courants contraires, s'engage
en des sargasses. Peut-être s'embarque-t-il sans
boussole. Analyste, mais sans méthode, dia-
lecticien, mais pour soutenir les conséquences
des postulats les plus contradictoires, plus critique que spéculatif, plus moraliste qu'esthéticien, et de plus, en sa qualité d'enthousiaste,
sujet à refléter les impressions les plus opposées,
M. Ruskin essaime des idées, il ne les coor-
donne pas, ou mal, et des contradictions en-
chevêtrent son texte, des paraphrases déconcer-
tantes s'éboulent sur ses heureuses trouvailles.

« L'artiste, déclare-t-il quelque part, n'est
pas autre chose qu'un homme qui a reçu de
Dieu le génie de voir et de sentir, de se rappeler
les apparences et les impressions qu'elles lui
ont causées. » Il se plaît à répéter que l'artiste
doit être une individualité libre, cependant il

lui trace une mission, il ne le veut rien moins
que « l'historien des phénomènes, le révélateur
des énergies cachées, le chantre et le prêtre des
gloires de l'œuvre divine... » Vanité que le reste.
Que devient alors la liberté de l'artiste ? Comment exprimera-t-il son âme s'il doit s'évertuer
d'abord à des significations sans rapport avec
son art ? Enfin, quelle faculté émotionnelle attendre du peintre obligé de connaître, « avec
une exactitude de géologue et de minéralogiste »,
chaque classe de terrains, de roches, de nuages ?
Voilà bien les gens de la Réforme, tonnant contre
l'étroitesse du Dogme et rêvant d'enserrer l'esprit humain dans l'exiguité de leurs formules.

M. Ruskin est un penseur que les intellec-
tuels consulteront avec fruit ; pour les artistes,
je ne connais pas de pire directeur esthétique.
Nulle émotion devant un beau nu, point de joie
devant une harmonie de rythmes, une sym-
phonie de valeurs de tons : il ne comprend pas
que la plastique dispose d'une langue à elle, sa
haine légitime du trompe-l'œil l'entraîne à l'ex-
cès adverse ; encore un peu, il recommanderait
le géométral. Ce gradué d'Oxford a trop lu
dans les livres, barbare érudit, il analogise,
sans vergogne, l'art à la politique, il ose le
classer, instrument d'éducation, entre la science
et la morale. Avec de tels principes, on s'ex-

plique qu'il tienne l'art purement décoratif de
la Renaissance pour une fabrication de produits
ne visant qu'à l'éveil de sensations agréables.
Ce n'est pas qu'il méprise le décoratif, au contraire, les statues non corporisées à l'édifice
ne sont pour lui que de grands jouets, et il
préconise cette ornementation tirée de la nature
que manièrent si bien nos artistes du xiiime siècle, mais il manque de compétence et de goût.
Se figurant que composer est le résultat d'un
manque d'imagination, il ne discerne pas l'art
décoratif du Lorrain et du Poussin de l'art théâ-
tral de Salvator Rosa; pour ses yeux de prédi-
cant, Ruysdaël et Hobbema ne possèdent que
des qualités mécaniques et techniques. Et qui
leur oppose-t-il parmi les modernes? Turner,
un ignorant de l'orchestration des lignes, que
le métier, seul, passionna.

Faire dater du xvie siècle la décadence du
figuratisme, cela n'a rien de choquant, les dé-
clins suivent les apogées, et quel peintre eût
pu dépasser Botticelli et Vinci? Mais une décadence qui va de Michel-Ange à Ingres et Delacroix, en passant par Rembrandt, Rubens,
Poussin et Vélasquez, mérite mieux que quelques égards. Cette période, M. Ruskin la cari-
cature plus qu'il ne la critique, car, victime de
son dogmatisme, il a classifié l'art et, hors tel

cycle, rien d'admirable. Il se scandalise que Raphaël ait employé la religion pour mettre l'art en lumière. Eh! Raphaël était-il moine ou peintre? le devoir d'un artiste n'est-il pas de servir l'art d'abord? Quoi d'étonnant à ce que les périodes d'imitation succèdent aux périodes de créations originales? Les primitifs échappèrent-ils à cette fatalité? N'y eut-il pas des Giottesques, des Lippistes, des Ucelliens, des Alluniens, des Bellinistes, d'autres encore? A quoi bon l'écrasement facile des imitateurs? L'oubli couvre leur nom, chaque siècle, un peu plus.

La Renaissance! art des poses et du beau mensonge! Eh! peut-il être autre chose l'art qui vit de perspective? Commentaire d'un texte, une fresque n'est plus œuvre d'art; mieux valent (lorsque eurythmiques,) la fiction et la décoration sensuelles que la vérité mise en scène sans grâce, que l'image laidement édificatrice. N'exigeons pas du peintre qu'il mette notre esprit en présence de Moïse, d'Élie, de David ou d'Isaïe, le plus éminent artiste risque trop d'être, en cette tâche, au-dessous du moindre prédicateur enfiévré de foi. Laisse, ô quaker esthétique, laisse les artistes écouter leur inspiration et chanter à leur guise, ce n'est point par les doctissimes qu'Isis se laisse dévoiler.

Et pourtant il aimait l'art, le gradué qui tenta
d'asservir la plastique, cette Vierge fière, à
l'éthique et à la théodicée; et pourtant il était
capable de judicieux aphorismes, le théoricien
qui changea les malheureux préraphaélites en
clergymen de la peinture. N'affirma-t-il point
hautement qu'on ne fait pas de l'art sans amour?
Pourquoi entasser des volumes quand une
phrase suffirait?

*   *
*   *

Une autre aberration très répandue dans les
cerveaux artistes, et propre à renseigner sur
leur mentalité, c'est que l'œuvre d'art purifie
son auteur de toutes les fanges de son âme, de
toutes les iniquités qu'il a pu commettre. Ceci
paraîtra puéril au lecteur sérieux, qu'il songe à
l'imaginatif, trop choyé par les uns et trop
morigéné par les autres, qu'est l'artiste. Force
est bien de réfuter les illogismes de l'enfant
comme les hérésies inconscientes de l'ignare.
Les artistes s'exagèrent, qui s'en étonnerait?

l'importance de leur art et de l'action d'œuvrer, ils ont acquis ce qu'ils savent au prix de sacrifices si durs et de labeurs si pénibles, ils ont subi tant de dédains, affronté tant d'obstacles. Cependant, pour les rendre intéressants, cela ne les dispense pas d'écouter le langage de la raison. Au-dessus d'un certain âge, certaines naïvetés s'excusent difficilement. Se croient-ils les seuls à souffrir?

Par quels mérites, une œuvre d'art obtiendrait-elle la rémission des péchés de son auteur? Pourquoi Dieu accorderait-il à l'artiste la si grande faveur qu'espèrent certains? Une belle œuvre, concédons-le aux intéressés, c'est un tribut payé à l'immarcessible Beauté. Eh! grâce à qui peut-il se payer ce tribut? « *Qu'avez-vous que vous n'ayez reçu?* » (S. Paul, *Ép. aux Cor.* iv. 7.) Œuvrant avec ardeur, que faites-vous autre chose que votre devoir? Manquez-vous de compensations? n'avez-vous pas la joie du travail accompli, le concert des admirateurs? Ah! loin de s'enorgueillir de son talent, que l'artiste offre donc plutôt ses œuvres comme des oblations de reconnaissance (1). Avoir reçu

---

(1) Dieu se retient toujours le domaine des dons qu'il nous fait, il veut en avoir lui seul la gloire. Ce n'est pas pour notre propre excellence qu'il nous les fait. C'est pour manifester la sienne. Nous n'en avons ni n'en devons avoir que le simple usage pour la gloire

en partage le don d'exprimer l'âme des créations, de révéler l'insaisissable des créatures, d'ouvrir l'esprit à l'invisible, un tel honneur devrait rendre humble dans la vie et résigné dans les tribulations.

Les artistes partagent avec les moines le glorieux privilège d'exciter la rage des mauvais et les railleries du vulgaire, eux-mêmes se comparent volontiers aux anachorètes; que ne s'appliquent-ils à leur ressembler en ce qui peut les servir, que n'en prennent-ils la bravoure à supporter les souffrances, que ne s'aguerrissent-ils à leur exemple! « Dans la souffrance, nous montre l'admirable St.-Jean de la Croix (1), Dieu augmente nos forces, tandisque l'action et la jouissance nous livrent à nos faiblesses et à nos imperfections. Souffrir, c'est aussi se purifier, s'exercer à la pratique des vertus, et croître en sagesse et en prudence. » Ah! si les gens du siècle condescendaient à lire les mâles enseignements des Docteurs de l'Église! Souffrir pour la Vérité comme l'Apôtre, pour la Beauté comme l'Aède, pâtir pour l'Idée ou pour le Mystère, eh! c'est faveur insi-

---

de Dieu seulement, et non pour notre intérêt. Ce qui s'entend de toutes sortes de grâces et de privilèges, et même des biens et des talents naturels. P. Louis LALLEMANT, *La doctrine spirituelle.*

(1) *La nuit obscure de l'âme*, liv. II, chap. XVI.

gne! Comment mériterez-vous, si vous n'êtes éprouvés? « *Ceux qui sèment dans les larmes moissonneront dans la joie.* » (*Ps.* cxxv, 5.)

Que l'œuvre d'un pieux, d'un sincère, exécutée en hommage, en *ex-voto*, soit accueillie comme prière fervente par le Père de toutes miséricordes, rien de plus admissible; mais, en ce cas, l'encens d'agréable odeur, c'est l'intention. Éminence et médiocrité ne signifient rien en l'occurrence. Que les preuves de virtuosité ou de savoir que sont tant d'ouvrages estimables obtiennent l'effet de l'intention précitée, voilà qui amène le sourire; attendre d'elles une absolution, c'est vésanie ou présomption étrange. Telles scènes intimes. tels portraits, tels paysages valent comme œuvres d'art, pourquoi attireraient-elles, en tant qu'œuvres, des grâces extraordinaires à leurs auteurs? Ou l'art est rédempteur, et alors le choix du sujet devient sans importance, Franz Hals égale Benozzo Gozzoli; ou le salut dépend du thème adopté, et nous voilà conduits devant cette supposition indigente que les désordres très graves d'un Filippo Lippi sont effacés parce qu'il a réussi à imprégner ses peintures d'un sentiment religieux.

Eh! quoi, un être s'abandonnerait complaisamment, lâchement à ses passions, ses désirs

mauvais, il satisferait ses pires instincts ou
s'oublierait dans la contemplation de soi-même
et, parce que l'heureuse culture de ses dons lui
aura permis de chef-d'œuvrer, il obtiendrait le
pardon de fautes punies sévèrement chez un
autre? Eh! quoi, une vie d'intégrité, de dévoue-
ments, d'actes méritoires, compterait moins
devant le Juge suprême que l'excellence en un
métier d'art? Hélas! ceux qui secrètent de si
pauvres concepts ignorent ce qu'est le Précieux
Sang. D'ailleurs, que n'ignore-t-on pas de ce
qu'il faudrait savoir en cette époque de sciences!
On méconnaît le Révélé parce qu'il ordonne à
l'homme de se châtier, on préfère se construire
une théodicée selon ses inclinations. Ah! devant Dieu, que de grands maîtres paraîtront
fort au-dessous de très humbles ignorés! « *Le
Très Haut regarde les humbles et ne connaît
les hautains que de loin.* » (Ps. cxxxvii, 6.)

Qu'une bonne action en compense une mau-
vaise, d'accord, mais qu'une œuvre d'art vaille
une bonne action? Au point de vue purement
humain, l'hypothèse choque la conscience.
Raisonnablement, ce qui se peut accepter, c'est
qu'une œuvre ayant causé quelque bien, ne
serait-ce qu'en une seule âme, vaille des indul-
gences à son auteur. Et pourquoi davantage?
L'art préserve de nombreuses laideurs, jusqu'à

un certain point, il purifie, oui, — purifier n'est pas absoudre. Un suave parfum atténue l'empyreume, suffit-il à l'anéantir? Le salut par l'art! eh! si vous croyez à votre âme, courez donc à Jésus. « *Il n'y a de salut par aucun autre. Car nul autre nom sous le ciel n'a été donné aux hommes par lequel nous devions être sauvés.* » (*Act.* IV, 12.)

L'artisan pense-t-il à se sauver par sa tâche? Et qu'êtes-vous, sinon des artisans montés au style? Demandez donc à l'Église les moyens de votre sanctification. « *Je suis le chemin, la vérité et la vie; personne ne vient au Père que par moi.* » (S. JEAN, XIV, 6.)

Tout autre est d'éveiller des idées d'harmonie, tout autre des idées morales. Comment admettre que la beauté formelle moralise? Si cela était, les peuples épris d'art et les grands artistes eussent mené une vie paradigmique. Or cela n'est pas et cela ne peut être. Autant soutenir que Phryné et Laïs équivalent aux *Lois* de Platon ou au *Manuel* d'Épictète. Le goût, la pratique des arts peuvent épurer, sublimer la sensualité, mais en l'entretenant. Les Hellènes des Olympiades fameuses, les Latins des xve et xvie siècles ne se recommandent guère par les mœurs, un état de civilisation raffinée va-t-il sans une profonde corruption? Les grands ar-

tistes sont de grands laborieux, parfois d'insi-
gnes caractères, qu'on cite, parmi eux, un
modèle de vertus. A peine peut-on considérer
comme une exception le bienheureux Fra Gio-
vanni, puisqu'il vécut hors du monde.

L'artiste, en général, tend à tout ramener à
soi. Quelques dons qu'il possède, en dépit de
leur variété et de son intelligence, son accapa-
rante éducation technique l'oblige à dévelop-
per, au détriment du reste, ses facultés spéciales
de vision et de comparaison. S'il n'a pas reçu
une solide éducation morale dans sa famille, et
c'est le cas pour la plupart, la nécessité d'é-
tablir sa personnalité, de même que la conti-
nuité de l'effort sur l'œuvre, l'entraînera très
souvent à un égoïsme d'autant plus intense
qu'inconscient. C'est pour son œuvre qu'il va
vivre. Le monde objectif, — une carrière de
matériaux pour mener l'œuvre à bien. La so-
ciété, — un collectif qui lui doit à peu près
tout, et auquel il ne doit à peu près rien, fors
son œuvre. Et le voilà d'autant plus concen-
tré sur sa tâche qu'il rêve non seulement de
réaliser d'art, mais, stimulant nécessaire, de
conquérir des suffrages. A cette tâche, sa sen-
sitivité s'exaspère, tout lui devient roncés ou
feu ardent, et ainsi expie-t-il l'exaltation de
son moi.

« *Les premiers des hommes* seront toujours ceux qui feront d'une feuille de papier, d'une toile, d'un marbre, d'un son, des choses impérissables. » Ainsi s'exprime Alfred de Vigny (1). Les peintres ni les sculpteurs n'ont de ces cris, mais ils y applaudissent, — c'est l'exacte traduction de leur état d'esprit. N'attendez pas de celui qui a si bonne opinion de soi-même une adhésion réelle à quelque morale austère, tout ce qui gêne ses sensations lui semble déjà un si pesant fardeau.

L'artiste, c'est l'être dominé par son imagination, l'amant de l'hyperbole, l'éphèbe qui se voit porphyrogénète, l'enthousiaste qui vibre plus qu'il ne réfléchit, qui séduit et qu'on séduit; volontiers, il commence par croire que, par grâce d'état, toute licence lui est permise et, de bonne foi, il finit par se placer au-dessus de la loi commune; que sa vanité blessée se change en superbe, voilà un salut fort compromis.

Un écrivain qui peut être regardé comme un des types de l'artiste de lettres, le sâr Péladan, s'écrie avec conviction : « L'œuvre dépasse la prière comme le génie dépasse la piété (2)... » « Il faut considérer les chefs-d'œuvre comme

(1) *Stello.*
(2) *Comment on devient Mage.*

les plus grands miracles (1) ». C'est en se payant
de tels aphorismes, en se grisant de lyrisme et
de métaphores, que les artistes s'égarent et
s'exposent à devenir les jouets de Satan. Dans
leurs admirations comme dans leurs antipa-
thies, ils manquent du sentiment de la mesure.
Eh! non, réaliser une œuvre belle n'équivaut
pas du tout à faire de bonnes œuvres, et ce sont
ces dernières qui engendrent la beauté morale,
la seule impérissable, la plus splendide, la plus
précieuse, puisque son action s'exerce sur l'âme
immortelle. Eh! non, les premiers des hommes
ne sont pas les lettrés ni les artistes; pourraient-
ils remplir leur mission sans les grands civili-
sateurs, les grands révélateurs, éducateurs
suprêmes? et qu'est l'art de charmer les hommes auprès de l'art de les humaniser? Les maîtres
de la vie spirituelle, ceux de la vie morale et de
la vie sociale sont au-dessus des artistes comme
la pensée est au-dessus de la sensation, et le
Saint brille au sommet de la hiérarchie, car il
rayonne l'Amour, — l'Amour, seul lien possible entre la créature et le Créateur.

(1) *Comment on devient Mage.*

* *
*

Tout en admirant l'art sous quelque forme
qu'il se manifeste, nos préférences vont à un art
idéalisateur, bellement inspiré, et nous verrions
avec joie disparaître toute manifestation triviale.
Un art étant toujours, dans sa dominante,
le reflet de l'état d'âme d'une époque, la grossiè-
reté, la matérialité (1) du nôtre s'expliquent.
Est-ce par l'abondance des théories ou la véhé-
mence des apostrophes qu'on réagit contre de
tels courants? Point. C'est en travaillant, chacun dans sa sphère et selon ses forces, à épurer
le goût, ennoblir les sentiments, hausser les

---

(1) Nous entendons par ce mot le manque de spiri-
tualité, de poésie et de goût. Nous nous empressons de
répéter, à ce propos, que la nudophobie, sous prétexte
de moralité, n'est qu'un pharisaïsme. Le nu ne peut-
être impudique, ni pervers, parce qu'il n'appartient
pas à la forme, mais à la face, d'exprimer des sentiments. *Le torse* de *Nimes*, *la Vénus* de Botticelli, celle
de Titien n'ont rien d'impudique; telle vierge de la
Renaissance, au contraire, déplaît par une expression
trop mondaine. C'est le nu banal ou *canaille*, la pauvre
chair dénudée dans sa trivialité qu'il faut proscrire, et
ce, au nom du goût.

cœurs. Policer des barbares, rude besogne,
affiner des bourgeois, pire besogne; mais une
vraie conviction décuple les énergies. Un particulier perd son temps à demander à l'art d'être
pur de tendances, un état perd le temps des
artistes confiés à ses écoles, et compromet l'a-
venir de beaucoup, s'il leur imprime, dans ce
sens, une direction esthétique. N'attendons
d'appréciables résultats que de la méthode in-
dividualiste. Pas de vaines récriminations, trêve
au déclamatoire, prouvez votre foi en agissant,
propagez vos principes autour de vous, nul
milieu dédaignable pour un croyant. Attentifs
à gagner, non à surprendre les esprits, pour cultiver autrui, cultivez-vous vous-mêmes. Ainsi
se préparent les temps meilleurs.

Le beau moral se ramène à l'art d'harmoniser
en soi les facultés éminentes et les heureux pen-
chants : arriver au magnanime par la Charité
pour être agréable à Dieu et utile au prochain.
S'équilibrer d'abord, rayonner ensuite des actes
de vertu. Pas de facteur plus efficient de beauté
morale que la vie évangélique. Réduite à ses
propres ressources, l'éducation philosophique
ne peut que tremper le caractère, imprégner
l'âme de quelque austérité ou d'une vague ana-
gogie. Elle enseigne le devoir un peu comme le
professeur enseigne les matières d'un pro-

gramme. Seule, l'éducation chrétienne, la vraie,
non celle mitigée des mondains, dilate le cœur
en développant la vie intérieure et rend exquise
la solidarité, joyeuse, l'abnégation; seule, elle
donne la persévérance dans la bonté, la quié-
tude dans le sacrifice. Son enseignement est
paternel, elle dispose, pour appliquer ses principes, d'autant de moyens qu'il existe de caractères. Elle n'impose pas, elle dirige par de
patients efforts, elle n'orthopédise pas brutale-
ment, elle apprend à comprendre et à recher-
cher les moyens d'auto-correction; elle ne coule
pas dans un moule; respectueuse de tout bon
élément, elle n'élague de l'individualité que les
germes nuisibles; elle ne s'applique pas à faire
adopter tel système, mais à faire vivre en Dieu.
L'amour de Dieu, voilà son but et son moyen.
L'âme ainsi devenue, par Dieu et pour Dieu,
une fleur doux-odorante ne peut que parfumer
autrui. « *Celui qui est uni au Seigneur devient
un même esprit avec lui.* » (*Ép. aux Cor.* VI, 17.)

C'est la méthode de beauté auguste par des-
sus toutes et quoi que vous en pensiez, frères
égarés, il faut bien vous incliner devant les résultats; depuis la Révélation, elle n'a cessé de
produire les purs et les intègres, les héros et
les saints. « *Je suis la lumière du monde; celui
qui me suit ne marchera point dans les ténèbres,*

mais il aura la lumière de la vie. » (S. Jean, viii, 12.) Une méthode, que l'antiquité connut florissante et que certains rêvent aujourd'hui de remettre en honneur en la modernisant, l'ascèse initiatique, se proposait le développement en beauté de ses adeptes. Mais l'orgueil en était le moteur, l'esprit se cultivait au détriment du cœur, l'âme ne produisait que des fleurs hypertrophiées. Aussi, les initiés furent-ils plutôt des savants et des mystiques que des éducateurs moraux (1).

Se cultiver dans un but de beauté morale, c'est *l'aristie*. A son degré suprême, l'aristie est l'état religieux, cette « perfection du christianisme » a dit dom Gréa (2). Mais tout le monde n'a pas l'heur d'être appelé à l'état religieux. Celui qui, restant dans le siècle, s'efforce à l'aristie, n'y atteindra jamais si vite et si bien qu'en vivant la vie chrétienne. En effet, ne devant violer aucune loi d'équilibre, il lui faut lutter sans trêve contre ses passions, contre la sensualité, matrice de toute souillures. Car l'homme n'est libre qu'affranchi de l'esclavage des sens, qu'une fois en état de dompter ce qui animalise. Le sensuel peut vivre intellectuellement; sur le plan

(1) Nous étudierons, dans un ouvrage ultérieur, la méthode initiatique.

(2) *De l'Église et de sa divine constitution*, beau livre que les laïques liront avec profit.

spirituel, il ne sortira jamais de l'état comateux. L'homme n'est en puissance de beauté morale qu'après s'être conquis sur la matière, qu'après avoir assuré le règne de ses facultés supérieures, seules harmonisatrices. A ce prix seulement la pratique de l'aristie devient possible. « *Si vous vivez selon la chair, vous mourrez; mais que l'esprit mortifie en vous l'action de la chair, et vous vivrez; tous ceux qui suivent le mouvement de l'esprit de Dieu, ceux-là sont les enfants de Dieu.* » (S. PAUL, *Ép. aux Rom.* VIII, 12-17.) Combien illusoires les fruits de la chair! qui les désire soupire après des mirages, qui les cueille n'a que des déceptions; défions-nous des présents du Déchu, il est *le prince de la courte joie* (1).

Il ne suffit pas d'avoir de hautes aspirations, le dernier des incultes aussi a ses moments d'envolée; et qu'importe la meilleure des croyances, cristallisée dans sa partie spéculative? Rien ne vaut que manifesté par des actes, ne préconisons rien d'ordre un peu grave que nous ne le vivions. Or la vie harmonieuse ne s'acquiert qu'au moyen d'une règle. Que l'artiste ordonne donc ses journées et qu'il exerce sa volonté, il en faut une peu commune à l'indépendant qui, campé dans le monde, tient à

---

(1) *Bréviaire des Bénédictins.*

suivre une ascèse. Obligé à maintenir sans cesse
l'harmonie en soi-même, l'artiste doit fuir
tout contact trivial, répudier tout ce qui per-
vertit et tout ce qui vulgarise. Qu'il ne perde
pas conscience de sa suprématie, mais non plus
de sa responsabilité, il importe qu'en lui on
respecte un principe. Qu'en ses rapports avec
autrui, il reste d'un tact parfait et d'une charité
délicate. Une âme cesse d'être altière, au sens
exact du mot, dès qu'elle blesse volontairement
une autre âme. Se garer des laideurs n'implique
ni le dédain des deshérités, ni le mépris des
dégénérés. C'est le signe d'une nature encore
dans les gangues que de ne pas compatir aux
misères et aux faiblesses humaines. S'il n'a pas
pour rôle social l'apostolat, l'ariste est au moins
tenu de donner force exemples, de rayonner,
comme l'a si bellement indiqué M. Henri
Mazel (1).

Se vouloir en voie de perfection, en ascen-
sion incessante, exige la pratique de nombreuses vertus. « *Je vous déclare que si votre justice
n'est pas plus parfaite que celle des docteurs de
la loi et des pharisiens, vous n'entrerez point
dans le royaume du ciel.* » (S. MATH. V, 20-24.)
Sans la charité, l'aristie n'est qu'une exaltation

---

(1) Voir *La Plume* du 15 juin 1894 et *L'Ermitage* de
novembre 1894 et de janvier 1895.

de la superbe, partant un état condamnable.
Les obligations augmentent à mesure que l'on
progresse en supériorité. Un esprit n'atteint à
l'aristie qu'autant qu'il s'est dépouillé des pré-
jugés de caste, de mondanité, de cénacle, de
toute étroitesse, de toute morgue.

Plus l'âme ariste est une lumière, plus elle
goûte de joies à élever les âmes du plan infé-
rieur. A l'encontre du dilettantisme, cette sub-
tilisation, cette quintessence de l'égoïsme, cette
dilection des choses d'ici-bas, l'aristie n'existe
en réalité que par la dilection des choses éter-
nelles et l'ardeur à la bienfaisance.

Non, la morale supérieure n'a pas sa racine,
comme le voudrait Nietzche, dans une triom-
phante affirmation du *moi*, mais dans le sacrifice. « *Quiconque voudra sauver sa vie la perdra,
et quiconque perdra sa vie pour l'amour de moi
la trouvera.* » (S. MATH. XVI ,25.) En dépit des
assertions des princes de l'incroyance, toute
morale laïque n'est qu'une déontologie égoïste,
dont chacun use à sa guise, ou qu'un calque du
christianisme, partant, comme tous les calques,
une chose sans âme. Basée seulement sur l'u-
tilité sociale, une morale reffrènera la méchan-
ceté de l'homme; elle ne l'améliorera que vivifié,
attendri par l'amour, — cette idéalisation de la
solidarité. Aussi la morale supérieure est-elle

la morale chrétienne, celle qui pénètre de l'onc-
tion de la grâce, celle qui, selon l'heureuse
expression de Bossuet, nous enseigne « à bien
vouloir ». Les adversaires de la Foi le consta-
teraient vite s'ils daignaient étudier ses effets
ailleurs que chez ceux qui n'ont de catholique
que le nom seulement. L'esprit humain, quoique fertile en inventions ingénieuses, ne trouvera pas une vie plus belle que celle du Christ
Jésus. « *Qui m'a trouvé a trouvé la vie.* » (*Prov.*
VIII, 35.) Celui qui imitera plus parfaitement
cette vie, qui, du fond de son cœur, pourra dire
au Sauveur adorable : *Tuus sum ego*, celui-là
nous le saluerons ariste entre tous les aristes.

Imprimerie Girard, 8, rue Jacquier, à Paris.

Achevé d'imprimer par Edmond Girard,
le 28 mai 1895.

www.ingramcontent.com/pod-product-compliance
Lightning Source LLC
LaVergne TN
LVHW022148080426
835511LV00008B/1318